Isabelle Corvisier

La Vie est une pièce de théâtre

Isabelle Corvisier

La Vie est une pièce de théâtre

Éditions Vie

Impressum / Mentions légales

Bibliografische Information der Deutschen Nationalbibliothek: Die Deutsche Nationalbibliothek verzeichnet diese Publikation in der Deutschen Nationalbibliografie; detaillierte bibliografische Daten sind im Internet über http://dnb.d-nb.de abrufbar.
Alle in diesem Buch genannten Marken und Produktnamen unterliegen warenzeichen-, marken- oder patentrechtlichem Schutz bzw. sind Warenzeichen oder eingetragene Warenzeichen der jeweiligen Inhaber. Die Wiedergabe von Marken, Produktnamen, Gebrauchsnamen, Handelsnamen, Warenbezeichnungen u.s.w. in diesem Werk berechtigt auch ohne besondere Kennzeichnung nicht zu der Annahme, dass solche Namen im Sinne der Warenzeichen- und Markenschutzgesetzgebung als frei zu betrachten wären und daher von jedermann benutzt werden dürften.

Information bibliographique publiée par la Deutsche Nationalbibliothek: La Deutsche Nationalbibliothek inscrit cette publication à la Deutsche Nationalbibliografie; des données bibliographiques détaillées sont disponibles sur internet à l'adresse http://dnb.d-nb.de.
Toutes marques et noms de produits mentionnés dans ce livre demeurent sous la protection des marques, des marques déposées et des brevets, et sont des marques ou des marques déposées de leurs détenteurs respectifs. L'utilisation des marques, noms de produits, noms communs, noms commerciaux, descriptions de produits, etc, même sans qu'ils soient mentionnés de façon particulière dans ce livre ne signifie en aucune façon que ces noms peuvent être utilisés sans restriction à l'égard de la législation pour la protection des marques et des marques déposées et pourraient donc être utilisés par quiconque.

Coverbild / Photo de couverture: www.ingimage.com

Verlag / Editeur:
Éditions universitaires européennes
ist ein Imprint der / est une marque déposée de
OmniScriptum GmbH & Co. KG
Heinrich-Böcking-Str. 6-8, 66121 Saarbrücken, Deutschland / Allemagne
Email: info@editions-ue.com

Herstellung: siehe letzte Seite /
Impression: voir la dernière page
ISBN: 978-3-639-81677-8

La Vie est une pièce de théâtre

De

Isabelle Corvisier

A mes parents…

PROLOGUE

Notre vie est une vaste pièce de théâtre dont nous sommes à la fois l'auteur, l'acteur principal et le metteur en scène. Nous avons signé des contrats avec chacun des protagonistes de l'histoire il y a fort longtemps, dans un autre lieu, bien avant notre venue ici sur Terre.

Nous avons soigneusement choisi les personnages : notre père, notre mère, nos frères et sœurs, amis, collègues, etc. Et dans leur bonté d'âme, ils ont bien voulu accepter le rôle que nous leur avons assigné.

J'ai commencé ma vie par une tragédie. Mais si la vie est notre pièce de théâtre personnelle, que nous l'avons créée, alors il nous est possible de la modifier. J'ai donc décidé d'en faire dorénavant une comédie et d'en rire plutôt que d'en pleurer.

Je ne sais pour quelle raison obscure je me suis choisie une vie difficile et compliquée, mais j'en ai à présent assez d'en subir les conséquences. Me voici donc en train de réécrire l'histoire de ma vie telle qu'elle aurait dû commencer pour que mon existence soit plus douce.

Je me suis souvent sentie impuissante à changer ce qui me semblait être le destin. Mais rien n'est gravé dans la pierre et nous disposons ici-bas de notre libre arbitre. Nous avons donc le pouvoir de changer notre destinée et de modifier notre chemin à volonté.

Comment faire ? Juste en prenant conscience de l'illusion dans laquelle nous évoluons. Nous ne sommes pas prisonniers de notre réalité, nous créons chaque jour notre réalité à chaque instant. Par nos pensées, nos attitudes, nos paroles… Changeons-les et nous changerons notre réalité !

Tant qu'à se raconter des histoires, autant qu'elles soient drôles !

Diane Leblanc

PREMIERE PARTIE

Juin 1966

Je regarde en bas dans le Miroir des Vies…

Il vient la chercher. Il est beau dans son costume : grand, brun, mince, avec des yeux rieurs qui lui donnent un charme indéniable, une aura, un charisme presque palpable. Elle ouvre la porte, arborant un grand sourire. Il la trouve séduisante avec sa robe courte, son maquillage léger. Il aime son parfum, sa façon de bouger.

Comme tous les samedis, depuis quelques mois déjà, Freddy vient chercher Gina pour retrouver le groupe de danse folklorique qu'ils animent tous les deux. Le couple qu'ils forment sur scène a quelque chose de magique. Les danseurs du groupe les regardent avec admiration lorsqu'ils évoluent. C'est comme si toutes les étoiles du ciel s'étaient données rendez-vous dans leurs yeux… Ils sont à leur juste place, ils profitent simplement du moment présent et rayonnent.

Le reste de la semaine, ils ont chacun leur vie. Gina est professeur dans un collège depuis quelques années déjà. Quand elle se regarde dans le miroir, elle se demande si elle trouvera un jour un homme qui voudra bien d'elle. Elle se trouve des défauts, bien sûr, mais elle n'est pas laide et elle mérite d'être heureuse. Elle pense à Freddy parfois mais elle n'ose pas imaginer qu'il pourrait se passer quoi que ce soit entre eux. Toutes les filles du groupe le regardent avec l'espoir qu'il posera son regard sur elles. Elle est heureuse de pouvoir partager les samedis soirs avec lui, c'est son moment à elle, le moment où son rêve devient réalité. Mais de toute façon, il n'est pas libre, il a une femme et deux enfants en bas âge, il n'est pas question qu'elle vienne détruire sa famille.

Dans deux ans, elle sera trentenaire. Elle aussi souhaite être mère un jour. Elle se surprend parfois à rêver au père de ses enfants : il serait doux, tendre, présent, attentionné et soucieux du bien-être de sa famille…

Un dernier coup de peigne devant la glace, elle enfile son manteau et sort, son cartable à la main. Elle est joyeuse aujourd'hui car c'est bientôt la fin de l'année scolaire, le temps est doux, l'été est presque là et les oiseaux chantent dans l'air frais du matin. Elle enseigne les chiffres et les équations, la logique et la géométrie. Et aussi la musique. Elle aime son métier et ses élèves, qui le lui rendent bien. Il n'est pas rare qu'en fin d'année, certains viennent lui dire : « on vous regrettera madame ! ». Son métier, c'est sa passion. Elle a toujours su que ce serait sa voie. Elle écoute ses collègues se lamenter sur leur sort, critiquer les élèves et la hiérarchie près de la machine à café. Mais rien n'entame son enthousiasme, elle est heureuse de faire le métier qu'elle aime. Elle est à la fois douce, patiente et dynamique et sait se mettre au niveau des élèves, trouvant toujours l'exemple juste qui va leur permettre de comprendre. Elle cherche également à les valoriser le plus possible afin qu'eux aussi soient heureux de venir en classe pour apprendre.

Freddy, lui, est un jeune médecin. Il a réussi brillamment ses examens et est employé depuis peu dans une clinique réputée. Ses collègues plus expérimentés lui témoignent déjà un grand respect car il est très doué. Il gagne plutôt bien sa vie et peut offrir à sa famille une vie confortable. Il adore ses enfants et, bien qu'il soit parfois en conflit avec sa femme, il qualifierait sa vie de plutôt heureuse.

Toutefois, quand il y pense, il n'a pas trente ans et sa vie est déjà toute tracée. Une femme, des enfants, un bon travail : une parfaite réussite pourrait-on dire de l'extérieur. Mais depuis quelques mois, il ressent en lui un changement. Sa vie bien rangée lui semble de plus en plus étriquée. Seules ses sorties du samedi soir avec son groupe de danse lui procurent encore un sentiment de liberté. Et quand il danse avec Gina, il se sent tellement léger ! En sa présence, il se sent si bien, si... lui-même ! Leur complicité a grandi au fil du temps et leur entente est si naturelle, qu'à côté, sa relation avec sa femme lui semble fade et artificielle...

Cet été, Freddy a décidé de programmer une randonnée avec le groupe. Il ne supporte pas l'idée de ne pas voir ses amis pendant deux mois. C'est la seule façon qu'il a trouvé pour passer un peu de temps avec eux. Ce projet lui donne des ailes et il tient à régler tous les détails lui-même afin que tout soit parfait.

Juillet 66

Raphaël s'approche de moi et me demande : « Alors, es-tu prête ? ».

Les voilà partis… Une grande partie du groupe est là, avec conjoints et enfants, dans un camping de la Drôme pour une semaine. L'ambiance est conviviale et bon enfant. Les plaisanteries et les rires fusent. Ce soir, ils sont réunis autour d'un feu de camp pour chanter, danser, jouer ensemble. Gina a pris sa guitare et entraîne tout le monde à entonner des refrains avec elle. De vraies vacances, quoi !

Demain, ils ont prévu une randonnée pour la journée. Certaines femmes restent au camping pour s'occuper des enfants en bas âge et les accompagner à la piscine ; c'est le cas de Margot, la femme de Freddy. Le départ est programmé dès sept heures afin de profiter de la fraîcheur de matin.

Freddy rassemble les randonneurs et ils partent d'un bon pas. Il est ravi de cette marche dans la nature sauvage qui lui donne un sentiment intense de liberté. Il marche à l'avant avec Gina qui semble aussi heureuse que lui de cette sortie. Durant le trajet, ils discutent, partagent, échangent et se trouvent des points communs pour les voyages, les chats, le bon vin… Ils n'avaient jamais eu l'occasion de parler aussi longuement et commencent à se faire des confidences sur leur enfance, leurs expériences heureuses ou malheureuses.

A l'heure du déjeuner, ils font halte au bord d'une rivière. Tout le groupe s'installe pour pique-niquer. La bonne humeur est toujours présente malgré les kilomètres qui commencent à peser dans les jambes. Ils décident d'un commun accord de rester sur place pour savourer une petite sieste avant de reprendre la route. Quelqu'un lance l'idée de se baigner dans la rivière dont l'eau est glacée. Freddy, toujours prêt à relever un défi, se déshabille illico et plonge, nu comme un ver ! D'autres le rejoignent. Gina les regarde, amusée. Elle trouve Freddy très beau nu : même s'il n'a pas un physique d'athlète, il est mince et musclé juste ce qu'il faut. Il lui fait signe de venir aussi, mais sa pudeur l'en empêche. S'ils avaient été seuls, peut être…

Il faut reprendre le chemin du retour. Cette journée a été de loin la meilleure de toute la semaine. Elle restera gravée dans leur mémoire à tous les deux. Freddy évoque l'idée d'organiser un autre séjour pour le groupe aux prochaines vacances. Le soir, en laissant Gina devant sa tente, Freddy lui glisse à l'oreille : « J'ai passé une merveilleuse journée avec toi » et lui dépose un baiser tendre sur la joue. Elle n'ose pas lui dire : « moi aussi » et rougit…

Gina finit ses vacances avec ses parents dans un camping sur la Côte Atlantique. Son père et sa mère ont une caravane qu'ils conduisent chaque année au même endroit et elle plante sa tente sur un emplacement proche depuis qu'elle n'a plus l'âge de dormir avec eux. Elle a un petit sourire qui flotte sur ses lèvres et semble rêveuse. Ses pensées vont vers Freddy sans cesse et, bien qu'elle soit persuadée que rien ne peut se passer entre eux, elle se surprend à rêver comme une adolescente.

Elle se repasse en boucle les images de leur séjour dans le Drôme. Elle revoit tous les regards qu'il a posés sur elle, tous ses gestes attentionnés sous un nouveau jour. Elle n'ose y croire mais elle jurerait qu'il est amoureux d'elle.

L'été se déroule paresseusement, un peu trop à son goût. Elle a hâte d'être en septembre et de reprendre le groupe de danse folklorique pour se retrouver à nouveau dans ses bras.

Septembre 66

« Moi je suis prête, répondis-je à Raphaël, mais eux prennent leur temps ! »

La rentrée arrive enfin mais chacun est bien pris par ses activités respectives. Au collège, des surprises d'emploi du temps et de cours imprévus font brusquement redescendre Gina de son petit nuage. Quant à Freddy, de nouvelles responsabilités à la clinique lui prennent énormément de temps. Le groupe se réunit plus tard que prévu et ce n'est que fin septembre qu'ils ont enfin l'occasion de se retrouver.

Comme à son habitude, Freddy vient chercher Gina pour leur soirée du samedi. Quand elle ouvre la porte avec un grand sourire, elle trouve un Freddy aimable mais distant. Dans la voiture, sa femme occupe le siège du passager. Elle a tenu à participer à cette première soirée et a laissé les enfants aux bons soins d'une baby-sitter. L'ambiance est tendue dans la voiture. Gina s'installe à l'arrière et reste silencieuse durant le trajet.

La première soirée n'est pas la plus tranquille pour les animateurs. Il faut présenter les nouveaux venus, apprendre les pas aux débutants... Ils n'ont pas vraiment l'occasion de danser ensemble. De temps en temps, Gina observe Freddy de loin. Il semble moins enjoué que d'ordinaire, plus soucieux. Parfois, leurs regards se croisent furtivement mais Freddy détourne rapidement la tête.

Gina est prise d'un affreux doute et toutes les images de rêve qu'elle a dans la tête s'envolent d'un coup. Se pourrait-il qu'elle se soit trompée en interprétant ses mots et ses regards cet été ? C'est comme si leur belle complicité n'existait plus. Elle essaie de se concentrer sur la danse, faisant ce pourquoi elle est faite : enseigner.

La danse a sur elle un effet magique qui lui permet d'oublier tous ses soucis. Elle parvient à dépasser sa déception et à s'amuser avec les personnes présentes. Elle a le contact facile et sait mettre les gens à l'aise, même ceux qui sont un peu timides au départ. Peu importe leur niveau en danse, l'essentiel est qu'ils prennent du plaisir à évoluer sur la piste.

Pour le moment, elle s'occupe d'un monsieur assez maladroit mais plein d'humour et se met à rire à ses plaisanteries. Freddy la regarde de loin avec un air renfrogné. Lui, est en train d'expliquer des pas à une grosse dame pas très douée, sous le regard de sa femme qui ne le quitte pas des yeux. Il semble qu'il y ait une forte tension entre eux deux et plusieurs habitués du groupe commencent à se poser des questions.

Le trajet du retour est tout aussi froid qu'à l'aller. Freddy ne descend pas de voiture pour ouvrir la portière à Gina, contrairement à son habitude. Il se contente de lui faire un petit signe de la main. Gina rentre seule chez elle, le cœur meurtri.

Octobre 66

« Les humains ont un libre arbitre, m'explique Raphaël, nous ne pouvons interférer dans leur vie. Il n'est pas certain que ces deux-là s'accouplent car ils ont tout oublié du contrat qu'ils ont signé avec toi. A présent eux seuls peuvent prendre cette décision... »

L'été indien se prolonge cette année et il y a encore de belles journées. La routine recommence à s'installer avec la semaine au collège et les soirées du samedi. Gina espère qu'avec la reprise de leurs habitudes, sa complicité avec Freddy reviendra petit à petit. Mais cela semble compromis : deux fois déjà, Freddy lui a fait faux bond, la laissant seule animer le groupe, prétextant des obligations professionnelles. La troisième fois, il était accompagné de sa femme et semblait de plus en plus triste et contrarié.

Ce soir elle s'attend à ce qu'il vienne la chercher dans ce même état d'esprit. Elle évite de songer à l'été dernier et écarte les images qui viennent la hanter. Elle s'interdit de penser à lui autrement que comme à un ami. Elle s'apprête à ouvrir la porte et affiche un sourire sur son visage mais le cœur n'y est pas. Il est en retard et elle est inquiète. Lorsque la sonnette retentit, elle s'empresse d'ouvrir et se trouve nez à nez avec... une brassée de roses rouges !
« Pour me faire pardonner de t'avoir abandonnée ! » dit-il en lui posant un baiser sonore sur la joue. Gina sent son cœur faire un bond dans sa poitrine. Elle retrouve enfin le Freddy qu'elle aime : l'enjoué, le fantasque, celui qui trouve toujours un moyen de la surprendre.

Sur le chemin, il lui raconte ses journées interminables à la clinique et les disputes avec sa femme en rentrant à la maison. Il lui confie combien la danse lui a manqué et elle aussi. Elle l'écoute bavarder sans mot dire, juste pour profiter de sa voix, de sa joie retrouvée. C'est dans cette joie que se déroule la soirée et les amis de Freddy sont eux aussi ravis de le retrouver.

La soirée se prolonge tard cette nuit-là. Le petit groupe d'amis partis ensemble cet été reste pour fêter ces retrouvailles et refaire le monde. Ils ne parlent plus de travail, ni de famille, profitant simplement du moment passé ensemble. Quand Freddy ramène Gina chez elle, il est près d'une heure du matin. Il sort de la voiture pour lui ouvrir la portière et l'accompagner jusqu'à sa porte. Il lui dépose un baiser tout près du coin de la bouche et lui offre son plus beau sourire avant de s'éclipser dans la nuit. Gina sent ses jambes se dérober sous elle et s'appuie contre la porte d'entrée. Son regard tombe alors sur cet énorme bouquet de roses qui embaume toute la cuisine et son cœur bat à tout rompre. A nouveau, tout espoir est permis et la voilà qui se reprend à rêver à cet amour, impossible, mais tellement tentant.

Novembre 66

« Ces deux-là résistent mais vont finir par se trouver, m'assure Raphaël, tu devrais songer à te préparer à ta nouvelle vie… ».

Novembre est là, les feuilles prennent leurs couleurs d'automne. Même si les journées sont plus courtes, elles restent encore douces et ensoleillées. Gina se promène sur les quais du Rhône au milieu des étals du marché et profite de ces derniers jours avant la pluie et le froid. Après avoir acheté quelques fruits et légumes chez son marchand habituel, elle change de rive pour flâner parmi les artistes, les peintres, les artisans qui exposent et vendent leurs productions. Elle s'imagine en train de se balader sur ce quai avec Freddy. Elle aime regarder ces gens dévoiler leur âme à travers leurs œuvres. Ils ont l'air tellement libre lorsqu'ils s'adonnent à leur art. C'est ce sentiment de liberté qui lui manque et qu'elle vient chercher ici. Elle imagine ce que leur vie serait s'ils étaient libres de s'aimer, Freddy et elle.

Ils partiraient chaque week-end pour des lieux inconnus, ils passeraient des nuits à danser, à parler, à chanter, à s'embrasser… Ils iraient voir des spectacles et des concerts. Il organiserait des voyages à Londres ou à Rome. Elle se surprend à rêver comme une adolescente, elle qui n'a jamais eu d'histoire sérieuse. Elle a eu quelques aventures qui n'ont jamais duré bien longtemps. Elle se disait qu'elle se réservait pour l'amour de sa vie, le bon, le vrai. Comme dans un conte de fée ! Le Prince Charmant n'existe pas et elle n'est pas tout à fait une Princesse, mais les rêves embellissent la vie et réchauffent le cœur.

Aujourd'hui, elle se sent joyeuse et rien ne peut entamer sa bonne humeur. Elle est décidée à profiter de ses vacances de Toussaint, bien qu'elle sache qu'elle ne verra pas Freddy durant quinze jours. Mais il est là, dans son cœur et elle ose penser qu'elle a une place dans le sien.

Elle se surprend à penser à ses parents qui, trente ans après leur mariage semblent toujours s'aimer comme au premier jour. Sa mère a toujours la même douceur dans le regard lorsqu'elle regarde son mari et lui, continue chaque dimanche à lui rapporter des fleurs du marché. A l'âge qu'à Gina maintenant, ils avaient déjà un enfant : elle.

Sa mère lui a raconté des centaines de fois combien le jour où Gina est née avait été merveilleux, combien Gina était un beau bébé et combien son père était fier. Il avait réuni tous les amis et tous les voisins le jour de leur retour à la maison pour leur présenter son premier enfant. Il semblait être le papa le plus heureux du monde !

Gina se souvient quand il l'emmenait le jeudi après-midi dans ses vignes. Il lui expliquait la taille des ceps, la transformation du raisin en vin. Il lui montrait les chenilles, les escargots, les coccinelles et lui racontait comment ils se reproduisent, les œufs, les larves, les chrysalides… Il lui parlait des roches et des sols, lui apprenait le nom des arbres et des fleurs…

Pendant ce temps, sa mère gardait des enfants du voisinage. Elle les aimait et les chouchoutait comme s'ils étaient les siens. Elle avait une patience d'ange avec eux et elle leur racontait des histoires de Princesse et de Grenouille. Elle avait expliqué à Gina que c'était grâce à elle qu'elle était devenue une maman et que sa naissance l'avait rendue meilleure. Elle avait tellement pris de plaisir à s'occuper d'elle que quand Gina fut en âge d'aller à l'école, elle avait décidé de devenir « nounou ».

Gina espère qu'elle sera une aussi bonne mère que l'a été la sienne, avec autant d'amour et de patience.

Décembre 66

« Sais-tu enfin ce que tu veux faire de ta nouvelle vie ? » demande une fois de plus Raphaël. « Oui, répondais-je, j'ai décidé d'aider les gens à retrouver Qui Ils sont vraiment ».

Freddy descend les pentes enneigées en tête, avec une technique irréprochable, tandis que le reste du groupe le suit. Gina, impressionnée par son aisance et par la pente, tente de rester dans la course. Freddy garde un œil bienveillant sur elle et ralentit le rythme pour lui laisser le temps de le rejoindre. Le soleil est au rendez-vous, la neige est bonne et tout le monde en profite, malgré le vent qui souffle et abaisse nettement la température. C'est Freddy qui a organisé ce nouveau séjour d'une semaine dans une station de ski avec le groupe de danse. Sa femme, qui apprécie modérément le froid et la neige, est restée à la maison avec les enfants. Le groupe est plus restreint que celui de l'été dernier, mais tout aussi enthousiaste.

Ils se retrouvent au soir devant une bonne raclette pour se réchauffer. La soirée se prolonge. Gina est fatiguée mais elle ne veut pas manquer une minute en compagnie de Freddy, alors tant qu'il est debout, elle reste à ses côtés. Les autres finissent par aller se coucher les uns après les autres. Freddy n'a pas quitté Gina des yeux de toute la soirée et, maintenant qu'ils sont seuls tous les deux, il devient presque timide. Il lui propose de la raccompagner jusqu'à sa chambre et là, devant sa porte, ils restent un moment les yeux dans les yeux. Doucement, il s'approche, hésite, observe Gina qui reste immobile, hypnotisée par son regard. Alors, l'alcool aidant, il se lance et l'embrasse. D'abord timidement puis il s'enhardit et voilà leurs corps qui s'embrasent…

Elle ouvre les yeux et regarde les raies de lumière sur le corps nu de Freddy. Elle profite de cet instant où il est encore tout à elle et se demande comment va se passer cette journée après ce qui s'est passé entre eux, et les jours d'après aussi.

Freddy ouvre un œil, il la voit près de lui. « Qu'elle est belle ! » songe-t-il. Il l'attire contre lui pour l'embrasser, l'enlacer. Elle se laisse caresser en ronronnant de plaisir comme un chat.
« Que va-t-on dire aux autres ? » finit-elle par demander.
« On va leur dire qu'on s'aime, tout simplement »
« Mais que vont-ils penser de toi, qui trompe ta femme ? »

« Ça ne les regarde pas ! ».

Freddy est si sûr de lui, il sent cet amour si juste qu'il ne voit pas ce que les autres auraient à leur reprocher. Il décide de vivre cet amour au grand jour et passe son bras autour de la taille de Gina lorsqu'ils pénètrent dans la salle du petit déjeuner. Tout le monde est déjà là et le silence se fait à leur arrivée.

Malheureusement, les autres membres du groupe n'ont pas accepté si facilement cette nouvelle situation et ont demandé à Gina de partir, l'accusant d'être la responsable. Freddy et elle sont partis ensemble et ont terminé leur semaine de vacances dans le petit appartement de Gina.

« Je vais divorcer, lui promet-il, et nous pourrons vivre ensemble ». Tout à son bonheur de l'avoir pour elle seule, Gina se laisse bercer par sa voix et ses belles paroles.

Janvier 67

« Quand quelque chose te semble juste, ne laisse jamais les autres te dire le contraire et bats-toi pour elle » me conseille Raphaël.

La routine a repris mais il n'est plus question d'animer le groupe de danse ensemble désormais. Freddy continue tout seul, mais le cœur n'y est plus. Ce groupe était autant celui de Gina que le sien. Sans elle, tout ça n'a plus de sens... Dès qu'il a un peu de temps, il retrouve Gina à son appartement. Il doit se décider à parler à sa femme de son nouvel amour avant qu'un des membres du groupe ne s'en charge. Il lui faut trouver les bons mots, le bon moment. Mais y a-t-il un bon moment pour ça ? Même si rien ne va plus dans son couple, il ne souhaite pas faire souffrir sa femme. Il sait pourtant qu'elle va souffrir et ses enfants aussi s'ils ne voient plus leur père aussi souvent. Il n'est pas facile de finir avec une ancienne vie, même si la nouvelle nous semble meilleure.

Freddy se sent tour à tour lâche de ne rien dire, égoïste de songer à abandonner ses enfants, déloyal envers sa femme et traître par rapport à Gina. Il aimerait vivre deux vies côte à côte, l'ancienne et la nouvelle et pouvoir les vivre en même temps. Ce serait plus simple ! Mais il sait que cette situation ferait souffrir tout le monde. Et il faudrait qu'il ait suffisamment de temps à consacrer à chacun, sans compter ses patients !

Son mental saute d'une situation à l'autre. S'il quitte sa femme, il quitte aussi la sécurité d'une vie bien rangée. Sa femme ne travaille pas et il sait qu'il devra subvenir à ses besoins et à ceux de ses enfants. Même s'il gagne bien sa vie, pourra-t-il supporter deux familles ?

Il faudra trouver un arrangement pour qu'il puisse voir les enfants. Comment vont-ils réagir à cet abandon ? La culpabilité sert le cœur de Freddy : il veut quitter tout ce qu'il a construit jusqu'à présent pour aller vivre avec Gina, qu'il connaît à peine. Même si cela fait plus d'un an qu'ils se fréquentent, il ne sait quasiment rien sur elle. Il veut quitter la sécurité pour l'inconnu : excitant mais risqué !

Son cœur, d'autre part, se sent tellement léger lorsqu'il est près de Gina et tellement lourd – de plus en plus – quand il est auprès de sa femme ! Les altercations sont de plus en plus fréquentes, on dirait qu'ils n'ont plus rien à partager. Freddy songe à leur dernière dispute, toujours pour des broutilles : les chaussettes qu'il laisse traîner, la chasse qui fuit qu'il n'a toujours pas réparée, un objet qui n'est pas à la bonne place… La vie auprès de Gina semble être tellement moins compliquée. Mais c'est peut-être parce qu'ils ne se connaissent que par la danse et la danse est si joyeuse en sa compagnie. Il ne sait pas vraiment ce que serait la vie quotidienne auprès d'elle.

Entre le cœur et la raison, difficile de choisir. Freddy, d'ordinaire si confiant, si sûr de ses décisions dans son métier, est complètement déstabilisé par cette situation et semble désarmé.

Février 67

« Ça y est, ils se décident ! »

« J'aimerai avoir un enfant avec toi » déclare soudain Freddy. Ils viennent de faire l'amour et Gina, toute engourdie, écoute la voix de Freddy la bercer. Cependant, cette phrase la sort de son demi-sommeil.

« Ce n'est pas possible, réplique-t-elle, tu es marié à une autre femme ! »
« Je vais divorcer et nous pourrons fonder notre propre famille » répond-il, sûr de lui.

Gina est sur un petit nuage rose. Elle ne peut imaginer une seconde qu'il pourrait mentir ou revenir sur sa décision. S'il lui assure qu'il va divorcer, alors il va le faire. Il suffit juste de lui laisser un peu de temps pour concrétiser les choses. Elle songe à cet enfant qu'ils feront ensemble.

« Comment l'appellera-t-on ? ». Ils font la liste des prénoms qu'ils aiment tous les deux. Ils imaginent la maison qu'ils habiteront ensemble, leur vie lorsqu'ils seront trois.

Freddy se souvient de la naissance de son premier enfant, Paul, arrivé « par accident » alors qu'il était encore étudiant en médecine. Sa mère lui avait reproché son inconscience et lui avait dit : « Maintenant, tu as des responsabilités, tu vas épouser Margot et trouver un travail pour faire vivre ta famille ! ». Mais Freddy ne voulait pas abandonner ses études de médecine. Alors, avec le soutien de sa femme qui faisait du ménage, du repassage et de la couture pour des personnes aisées, il a poursuivi ses études tout en travaillant le soir dans les bars contre l'avis de sa mère. Celle-ci n'avait guère apprécié qu'il n'ait pas obéi à ses ordres, mais ils y étaient parvenus, ils avaient traversé cette épreuve ensemble, Margot et lui, et il avait enfin réalisé son rêve de sauver des vies. Un deuxième enfant était arrivé deux ans après le premier : Valentine. Freddy aime particulièrement soigner les enfants. Il trouve un vrai sens à son travail lorsqu'il parvient à remettre un enfant sur pied et ressent une grande joie à le voir repartir heureux dans les bras de ses parents. S'il vit avec Gina, il veut aussi des enfants avec elle. Il aimerait une fille qui ait la douceur, la grâce et les yeux verts de Gina. Gina, elle, rêve d'un garçon qui aurait l'allure, le charisme et les yeux bruns de Freddy !

Mars 67

« L'œuf est là, tu vas pouvoir descendre, m'annonce Raphaël. Tu dois être bien sûre de ta décision !
Voici tes options :
- Dans la première, Freddy ne divorce pas, il ne te reconnaîtra pas officiellement comme son enfant. Tu vivras sans père, tu seras timide, mal dans ta peau et tu auras du mal à aller vers les autres. Toutefois, si tu arrives à dépasser ces difficultés, tu deviendras une bonne thérapeute car tu sauras comprendre la souffrance des gens. Ce sera une vie difficile mais tu gagneras beaucoup de points positifs pour ton Karma. Tu peux aussi choisir que Freddy vienne te voir de temps en temps mais qu'il abuse de toi. Si tu parviens à lui pardonner, tu gagneras alors davantage de points et peut être pourras-tu sortir des cycles de réincarnation.
- Dans la deuxième, Freddy divorce, tu auras une famille unie et aimante. Tu seras choyée et encouragée et tu t'aventureras avec confiance dans le monde. Tu feras du bien aux gens par ta seule présence car tu développeras amour et compassion pour ton prochain. Cette vie sera plus facile mais tu gagneras moins de points de Karma. Tu devras sans doute retourner sur Terre pour d'autres vies.

Saches qu'une fois sur Terre, tu oublieras toutes tes décisions et tu passeras une bonne partie de ta vie à chercher ta voie. Peut-être ne la trouveras-tu jamais et ne deviendras pas thérapeute. Cependant, je serai toujours auprès de toi, même si tu ne me vois pas. Et si tu sais reconnaître mes signes, alors tu trouveras plus facilement ton chemin et te souviendras de Qui Tu Es ».

Raphaël reste silencieux un moment puis demande : « Alors, que choisis-tu ? ».
« Je choisis la seconde option : la vie facile » dis-je d'un ton décidé. Et je me sens immédiatement aspirée vers la Terre, cette belle planète bleue.

DEUXIEME PARTIE

Avril 67

Me voici à l'étroit dans cette petite enveloppe de chair rose en train de flotter dans un liquide inconnu. Je me souviens vaguement de ma dernière conversation avec Raphaël et une seule idée m'obsède : N'oublie pas Qui Tu Es !

Je suis venue sur Terre pour expérimenter la matière, mais je ne dois pas oublier d'où je viens : de l'Univers, et Qui Je Suis : une âme d'origine divine. Je suis le messager de Raphaël ici-bas. Je viens pour répandre son message d'Amour et la Guérison dans toutes les dimensions de ce monde.

D'où je suis, je n'entends pas très bien les bruits étouffés du dehors mais je perçois très distinctement toutes les pensées de ma mère. Elle attend Freddy qui doit venir bientôt. Elle se pose des questions car elle doit lui annoncer qu'elle est enceinte, elle en est certaine à présent. Elle sent son corps changer, ses seins sont gonflés et ses règles ne sont pas apparues ce mois-ci. Elle ne sait pas très bien comment Freddy va réagir car il n'a toujours pas parlé à sa femme. Elle a peur qu'il ne se trouve au pied du mur et ne décide de s'enfuir, l'abandonnant seule avec cet enfant. J'aimerais pouvoir la rassurer en lui disant que ce scénario ne correspond pas à l'option que j'ai choisie !

Freddy arrive enfin, tout excité, criant : « Ça y est ! » et il embrasse sa Gina bien-aimée et la fait virevolter dans ses bras. A la suite d'une énième dispute avec sa femme, il lui a annoncé son désir de divorcer pour aller vivre avec Gina. Margot s'est effondrée en larmes devant lui, il s'est senti coupable et impuissant à la calmer. Alors il l'a laissée seule pour lui laisser le temps de digérer la nouvelle. Il a emmené ses enfants au square et leur a expliqué, à eux aussi, qu'il allait quitter la maison mais qu'il reviendrait souvent les voir pour jouer avec eux. Il a essayé d'atténuer de son mieux la douleur de la séparation. Il a décidé qu'il irait les voir le mercredi après-midi et les week-ends pour passer du temps avec eux…

Gina est soulagée de voir ses inquiétudes s'évanouir d'un seul coup. Elle essaie de calmer Freddy pour lui annoncer : « Moi aussi j'ai une grande nouvelle ! »

Mai 67

Freddy a sauté de joie en apprenant mon existence et il a emmené Gina au restaurant pour fêter leur nouvelle vie qui commence. Puis ils sont allés danser. J'ai été bien secouée, mais j'ai adoré baigner dans la joie et entendre le rythme de la musique. Gina pose souvent les mains sur son ventre – je sens la chaleur de ses mains – et m'envoie des pensées tendres. Ils ont fait l'amour et j'ai été baignée d'endorphines euphorisantes : j'aime bien ce début de vie sur Terre !
N'oublie pas Qui Tu Es ! Cette petite phrase ne me quitte pas, tel un fil invisible qui me relie à l'endroit d'où je viens.

Ce matin, Gina est un peu stressée, je le sens à la saveur du liquide autour de moi qui est différente. C'est aujourd'hui un grand jour car elle va présenter Freddy à ses parents et leur annoncer qu'ils vont être grands-parents. Freddy l'enlace et lui murmure des paroles rassurantes mais, elle n'y peut rien, elle se demande quelle sera leur réaction. Elle ne devrait pas s'en faire ainsi, lui dis-je en pensée, tout va bien se passer !

Sa mère ouvre la porte et les accueille avec un grand sourire, Freddy et elle. Son père arrive ensuite, une bouteille de vin dans les bras et serre chaleureusement la main de Freddy. Ils s'installent au salon pour l'apéritif et les parents de Gina font connaissance avec Freddy. Ils ont l'air ravis et je sens Gina se détendre progressivement. Je me sens moins serrée dans ma poche !

Le repas se déroule tranquillement. Les deux hommes se découvrent des goûts communs et s'engagent dans une conversation à bâtons rompus. Gina se laisse bercer par leur voix et ne quitte pas Freddy des yeux. Sa mère, Félicie, regarde Gina et est enchantée de la trouver si épanouie. A vrai dire, elle ne l'a jamais vue dans cet état là et est soulagée de la voir enfin avec un amoureux. Elle profite de ce moment de bonheur en famille. Elle sait que ces instants sont précieux et elle prend le temps de les savourer. Gina ne leur avait jamais présenté d'homme auparavant, contrairement à sa sœur Josy qui collectionne les amourettes. Josy a toujours été plus frivole, plus entreprenante. Gina est toujours tellement raisonnable. Josy lui manque maintenant qu'elle est partie à Paris, suivre des études de cinéma. La visite de Gina et Freddy est d'autant plus appréciable. Sa joie tranquille irradie dans toute la pièce et même moi je la sens dans mon cocon. Félicie a le don de mettre les gens à l'aise et de les calmer rien que par sa présence. J'aimerais avoir ce don moi aussi quand je serai grande !

21

Au moment du dessert, Gina prend la parole : « J'ai une nouvelle à vous annoncer ! ». A nouveau, son ventre est serré. « Je sais que vous allez me dire que c'est un peu précipité, mais… je suis enceinte ! ». Félicie, la surprise passée, la serre dans ses bras, son bonheur est parfait. Geoffrey, son père, l'embrasse, les yeux pleins de fierté. « C'est merveilleux, notre premier petit enfant ! » s'écrit-il. Freddy jette un clin d'œil à Gina pour lui dire : « Tu vois, ça se passe bien, je te l'avais dit ! ». Gina, soulagée, peut enfin se détendre et je fais un tour sur moi-même, tout excitée par l'agitation autour de moi.

Juin 67

Ça y est, j'ai enfin tout d'un être humain, avec des bras et des jambes. Jusqu'à présent, je ressemblais davantage à une crevette repliée sur elle-même. J'entends mieux les bruits du dehors, je perçois mieux les saveurs et les odeurs du liquide qui m'entoure et la chaleur des mains qui se promènent sur le ventre de Gina. Je perçois également les pensées de ma mère, celle de Freddy et parfois celles d'autres êtres autour.

Freddy, pour l'heure est triste et démoralisé. Non seulement sa femme refuse de divorcer mais sa propre mère, Reine, n'accepte pas qu'il la quitte pour aller vivre avec Gina. Cette maîtresse femme régit tout le monde autour d'elle et entend qu'on lui obéisse. Freddy lui a déjà tenu tête, mais là, la situation semble particulièrement tendue car Reine est très croyante et le divorce ne fait pas partie des choses envisageables dans sa famille. Freddy savait qu'il n'allait pas être facile de lui faire accepter les choses mais lorsqu'il lui a annoncé que Gina était enceinte, Reine est entrée dans une colère noire et l'a chassé de chez elle. A nouveau, Freddy est assailli par le doute et la culpabilité. Il essaie toujours de négocier avec lui-même pour trouver une solution qui satisfasse tout le monde mais il n'en trouve pas. S'il souhaite vraiment divorcer, il va devoir engager un avocat, la procédure risque d'être longue et coûteuse. Et sa mère ne lui pardonnera jamais... D'un autre côté, il lui est impossible à présent de quitter Gina, ce n'est plus envisageable, pas avec l'enfant à venir.

Je me sens toute chose dans ma poche. J'ai l'impression que ma venue pose des problèmes à tout le monde et c'est difficile à vivre. Je ressens la tristesse de Gina qui fait écho à celle de Freddy. « N'oublie pas Qui Tu Es ! ». Quand j'entends cette petite phrase, je me souviens que j'ai choisi une vie facile, ce qui signifie que tout finira par s'arranger. J'envoie des pensées rassurantes à Gina mais elle ne semble pas les entendre. J'appelle Raphaël à la rescousse pour qu'il vienne aider mes parents à surmonter les obstacles. Raphaël répond aussitôt en envoyant des ondes apaisantes que je ressens moi aussi. La joie est revenue et je fais une galipette dans ma poche.

Juillet 67

« Il a bougé ! » s'écrit Gina en portant ses mains à son ventre. Freddy lui aussi essaie de sentir quelque chose. Je ressens la différence d'énergie entre ces deux paires de mains. Une énergie douce, calme et pleine d'amour provient de Gina. Freddy, lui, dégage une énergie plus dynamique, plus puissante. Le mélange des deux est harmonieux et équilibré et m'apporte un sentiment très agréable d'allégresse.

Freddy ne ressent pas mes mouvements à l'extérieur mais le fait de constater que je suis bel et bien vivante le ramène à la réalité. « Il nous faut un appartement plus vaste » dit-il à Gina, « avec une chambre pour le bébé ! » ajoute-t-il. Il est vrai que le studio de Gina est un peu étriqué pour trois. Ils se mettent donc en quête d'un nouveau nid, ce qui leur permet de se changer les idées. Freddy a davantage l'impression d'aller de l'avant quand il est dans l'action plutôt que dans ses pensées. Il leur faut deux chambres, Gina veut de la lumière et de la verdure, Freddy veut rester à proximité de son ancien domicile pour voir facilement ses enfants. Ils parcourent les petites annonces et les agences immobilières sans relâche jusqu'à trouver l'endroit idéal.

Ils finissent par trouver la perle rare : un appartement spacieux, dans une résidence calme, avec des arbres tout autour, une grande chambre donnant sur une cour intérieure parfaite pour le futur bébé. Ils ont un tel coup de foudre pour ce logement qu'ils signent sur le champ avec l'agence et projette de déménager dans les semaines qui suivent. Ils s'organisent : Freddy paiera le loyer, Gina les dépenses quotidiennes et les factures. Ils sont si excités par cette nouvelle vie qui se met en place que leur espoir renaît et sont persuadés que rien ne peut plus s'opposer à leur amour.

Août 67

Les voilà installés dans leur nouvel appartement. Gina est en vacances et peut enfin se reposer après l'agitation du déménagement. Pendant que Freddy travaille, elle s'occupe à la décoration de son intérieur. Elle se sent tellement libre dans ce nouvel espace. Elle essaie d'imaginer la chambre du bébé, mais n'arrive pas à se décider.

« Si c'est une fille, j'aimerai l'appeler Isabelle », avait déclaré Freddy. « Je crois que ça signifie : Dieu protège ma maison. Ainsi, elle sera toujours en sécurité, il ne lui arrivera jamais rien de mal ». « Isabelle, c'est un joli prénom, ce sera forcément une jolie petite fille », pense Gina. Si c'est un garçon, elle a choisi Laurent, le victorieux. Il se tirera ainsi de toutes les situations difficiles.

Gina pose ses mains sur son ventre et m'interroge : « Alors cette chambre ? rose ou bleue ? ». Pas facile de répondre à la question de là où je suis. Je lui envoie de toutes mes forces en pensées : « Je suis une fille ! », mais je l'entends soupirer : elle n'entend rien ! Elle finit par se décider pour du vert : ce sera parfait aussi bien pour un garçon que pour une fille. Elle soupire encore. Elle se sent seule et préfèrerait préparer cette chambre en compagnie de Freddy, mais il est auprès de ses enfants. Elle doit donc se débrouiller toute seule.

Elle se sent en forme et pleine d'énergie. Elle n'a pas eu à subir les désagréments des premiers mois et, maintenant que son ventre est bien rond, les gens sont très prévenants avec elle. Tout le monde se préoccupe d'elle, ses amis, ses parents, sa sœur…Sa mère l'appelle souvent pour avoir de ses nouvelles. Elle a la sensation de vraiment avoir sa place sur cette Terre. Tout s'est recentré autour de son utérus et du petit être qu'il abrite. Si bien que tout ce qui se passe à l'extérieur n'a que peu d'importance. Cela donne à Gina un extraordinaire sentiment de détachement. Elle s'applique à vivre exclusivement le moment présent. Elle fait ainsi l'expérience d'un état de grâce permanent. Je perçois cet état moi aussi, et ça me rappelle l'endroit d'où je viens. Je suis rassurée de constater qu'ici aussi, il est possible de ressentir cet état-là.

Gina imagine Freddy avec ses enfants. Quelle sorte de père est-il ? Comment sera-t-il avec leur futur enfant ? Elle sait qu'il se préoccupera toujours de leur bien-être à tous les deux et qu'il sera présent pour eux autant qu'il lui sera possible. Cette certitude, je la ressens dans tout mon corps, dans chacune de mes cellules.

Septembre 67

Les vacances sont terminées mais il reste de merveilleux souvenirs.
Freddy a emmené Gina faire le tour de la Suisse en camping. Bien qu'il ne soit pas très confortable pour une femme enceinte de coucher à même le sol, Gina fut emballée par cette aventure inattendue. Dormir dans un camping différent chaque soir leur donnait un sentiment de liberté incroyable. Je ressentais beaucoup de joie et d'insouciance dans ma poche, comme des petites bulles qui pétillaient tout autour de moi. Les paysages étaient magnifiques, le soleil au rendez-vous, la nature leur permettait de se ressourcer et d'oublier les soucis du quotidien. Gina aurait voulu que ces vacances ne finissent jamais.

Mais Freddy avait prévu de passer également quinze jours avec ses enfants et leur escapade dû prendre fin. Pendant ce temps, Gina a rejoint ses parents sur la Côte Atlantique comme chaque année. Elle s'est laisse chouchouter par sa mère au milieu du calme des pins, respirant l'air vivifiant de l'océan. Elle n'a rien fait d'autre que de penser à elle et à son bébé.

Un jour, alors qu'elle était étendue sur une natte sous un pin, elle a entendu des pas qui s'approchaient. Quand elle a ouvert les yeux, elle a vu Freddy qui était là, accompagné de ses deux enfants ! La surprise était de taille ! Freddy avait expliqué à ses enfants qu'ils allaient bientôt avoir un petit frère ou une petite sœur et qu'il voulait leur présenter Gina.

Celle-ci a proposé aux enfants d'aller manger une glace au bord de la plage. Après un moment de réserve, les enfants ont semblé se sentir plus à l'aise et sont partis tremper leurs pieds dans les vagues. Freddy lui a pris alors la main, l'a embrassée et lui a avoué qu'elle lui manquait trop et qu'il ne pouvait plus rester loin d'elle longtemps. Gina était aux anges. Elle était ravie de faire enfin la connaissance de Valentine et Paul dont Freddy lui parlait souvent.

De loin, il a gardé un œil sur eux en train de creuser le sable. Valentine est revenue montrer fièrement à son père les petits coquillages colorés qu'elle avait trouvés. Freddy lui a dit : « et si tu en offrais à Gina ? ». « D'accord » a dit la petite, avant de repartir en courant en quête de nouvelles trouvailles. Elle est revenue avec Paul portant une grosse poignée qu'elle a posé devant Gina, un grand sourire sur les lèvres : « Tiens, c'est pour toi ! ». Freddy fut soulagé de voir que ses enfants acceptaient la situation. Il ne savait pas que Gina avait un don avec les enfants, il l'a regardée avec admiration, comme si elle était une grande Magicienne !

Octobre 67

Je commence à être à l'étroit, coincée entre les côtes, les vertèbres et le bassin de Gina. J'essaie de m'étirer mais je n'ai pas la place. Encore un mois de travail pour elle avant qu'elle puisse s'arrêter pour son congé de maternité. Elle court partout et moi, je suis ballottée dans tous les sens. Heureusement, de temps en temps, il y a des heures plus calmes, comme lorsqu'elle suit des séances de préparation à l'accouchement. Elle s'allonge et j'entends de la musique relaxante. Parfois, elle respire « comme un petit chien ». Je ne sais pas si c'est efficace pour accoucher, mais j'aime ça parce qu'alors, l'oxygène afflue dans mon cordon et me fait planer !

Un soir, Freddy rentre tout excité d'une visite dans sa famille : sa femme a trouvé un travail de couturière à l'Opéra de Lyon. C'est une bonne place. L'avocat de Freddy lui a assuré que c'était bon pour lui : la pension alimentaire qu'il aura à verser sera moins importante. Freddy, lui, est surtout heureux de voir sa femme accepter tout doucement que leur histoire est terminée et prendre sa vie en main.

Désormais, un week-end sur deux, il amène ses enfants dans leur nouvel appartement. Ainsi, il est avec eux et Gina à la fois. Ce n'est pas toujours facile, surtout avec Paul, mais Valentine a bien accepté la situation et est impatiente de connaître son petit frère ou sa petite sœur. Paul, lui, a tendance à accaparer l'attention de son père en faisant des bêtises, mais Gina sait l'amadouer en lui faisant son plat préféré : pizza jambon fromage et glace à la vanille. Elle aime également lui lire des histoires le soir avant qu'il ne s'endorme et lui chanter des chansons. J'écoute, moi aussi, sa voix qui se fait douce dans ces moments-là. Elle a également appris à danser à Valentine qui semble très douée. Plus le temps passe, plus elle se sent bien et voit l'avenir d'un œil serein.

Novembre 67

Pour les vacances de la Toussaint, les dernières avant ma naissance, Freddy a pris quelques jours de congé et emmène Gina faire une escapade improvisée au bord de la mer. Le ciel est gris mais le temps est encore doux. L'eau est un peu fraîche mais qu'il est agréable de flâner sur la plage déserte, les pieds nus. Tout est tranquille et je me laisse bercer par les pas de Gina quand, tout à coup, je sursaute au bruit du tonnerre ! La foudre n'a pas dû tomber loin. Dans ma frayeur, je me retourne d'un coup, déclenchant une contraction des muscles qui m'entourent. Me voilà la tête en bas. Gina se plie en deux et prend peur. C'est la première fois qu'elle ressent une contraction de cette ampleur ! Elle panique et demande à Freddy de la ramener rapidement à l'hôtel. Elle a peur d'accoucher sur le champ !

Le temps de rentrer, la contraction est passée et la frayeur aussi. Freddy fait couler un bain chaud pour Gina afin qu'elle se détende mais celle-ci insiste pour écourter leur séjour. Elle préfère rester près de la clinique au cas où.

Décembre 67

Je suis née le sept décembre à huit heures trente. J'ai su que je devais sortir parce que je ne pouvais plus remuer un orteil. Je commençais à étouffer et puis j'étais impatiente de connaître mes parents, mon frère et ma sœur. Freddy a emmené Gina à la clinique aux premières contractions régulières. Tandis qu'elle était prise en charge par une infirmière, il a appelé les parents de Gina. Celle-ci fut admise en salle d'accouchement immédiatement. C'était une salle joliment décorée avec des dessins d'enfants au mur et un appareil diffusait de la musique douce. La sage-femme vint se présenter. C'était une petite femme rondelette au sourire chaleureux et aux petits yeux rieurs. Elle vint régulièrement surveiller mon avancée en prenant le temps de donner des explications à Gina. « Tout se passe bien ! » lui répétait-elle.

Freddy resta aux côtés de Gina, s'efforçant de rester calme. Il avait déjà assisté à plusieurs accouchements au cours de son internat mais quand il s'agit de son propre enfant, ce n'est pas la même chose ! Ma mise au monde ne dura pas trop longtemps. Quelques contractions ont suffi pour que je montre le bout de mon nez. La sage-femme a su poser les mains au bon endroit et choisir les mots pour aider et encourager Gina dans son effort. Freddy, mon père, m'a accueillie dans ses bras avec des gestes sûrs et a coupé mon cordon. J'ai senti la brûlure de ma première respiration, mais je n'ai pas pleuré. On m'a couchée sur la poitrine de Gina et j'ai ouvert grand les yeux, avide de connaître ce monde et le visage des personnes qui comptent déjà pour moi.

A ce moment-là, j'ai entendu le petite phrase : « N'oublie pas Qui Tu Es ! » mais je n'ai pas compris ce que cela signifiait. J'avais encore l'image floue du visage de Raphaël mais je ne me souvenais plus de qui il s'agissait. Quelqu'un de ma famille, peut-être ?

Quelques heures plus tard, les parents de Gina sont venus me voir. Ils ont apporté un gros bouquet de fleurs colorées. J'ai reconnu la voix enjouée de Félicie et celle plus grave de Geoffrey. Tous deux semblent ravis et me sourient en parlant un étrange langage que je ne comprends pas. Ne plus entendre les pensées des uns et des autres est assez perturbant. Il va falloir que j'apprenne rapidement à comprendre leur langue !

La nuit suivante, juste avant minuit, pendant que Gina dort d'un sommeil réparateur, trois petites lumières de couleur apparaissent au-dessus de mon berceau : trois petites Fées sont venues me rendre visite.

« Je suis la Fée Amour » dit la fée auréolée de lumière violette. « Isabelle, toute ta vie, tu seras aimée et respectée de tous et tu gagneras le cœur des gens par l'Amour que tu rayonneras ! ». Un petit coup de baguette magique et me voici recouverte de poussière lumineuse violette.

« Je suis la Fée Confiance » dit la fée rouge. « Isabelle, tu seras quelqu'un qui inspirera confiance, les gens se confieront facilement à toi et te seront reconnaissants de ton écoute. Mais tu auras surtout foi en la vie et confiance en toi. Les doutes ne viendront jamais te tourmenter longtemps.». Et un nuage de poussière rouge illumine mon berceau.

« Je suis la Fée Allégresse » dit la fée rayonnant de lumière dorée. « Isabelle, la Joie et l'Allégresse rempliront ta vie et tu les diffuseras autour de toi. Les gens viendront spontanément vers toi pour en profiter. Tes chagrins seront de courte durée car ta Joie de Vivre sera toujours la plus forte ». La chambre s'éclaire alors de lumière dorée.

Je suis émerveillée par ses belles couleurs brillant dans le noir et je gigote joyeusement en les regardant s'éloigner. Soudain, un Ange auréolé de lumière verte. Il se présente : son nom est Raphaël. « N'oublie jamais Qui Tu Es, Isabelle. Tu es Lumière, tu es ton propre Soleil. Rappelle-toi que le Soleil ne se soucie pas de savoir s'il est aimé, il brille c'est tout ! » me dit-il avant de disparaître dans l'obscurité.

C'est ainsi que débute ma vie sur cette Terre, accompagnée et soutenue par les Fées et par Raphaël.

Gina a décidé de prendre un congé parental pour prendre soin de moi. Ses parents sont très présents, ils la soutiennent moralement et financièrement. Félicie est souvent auprès de moi, montrant à Gina comment s'occuper d'un tout petit, l'encourageant et la mettant en confiance. Car Félicie sait que c'est à ce moment-là que les jeunes mamans se sentent seules et démunies. Gina, même si ses gestes ne sont pas toujours assurés, s'occupe très bien de moi. Je ne me lasse pas de sentir l'odeur de sa peau, senteur nouvelle que je ne percevais pas dans son ventre.

Freddy est très occupé et a beaucoup de soucis avec son divorce, mais il passe du temps avec moi le soir quand il rentre. Il aime me baigner et me parle un étrange langage. Le ton de sa voix change lorsqu'il s'adresse à moi, je trouve ça très drôle ! Il m'a donné son nom. Je m'appelle Isabelle Blanc. Blanc comme la pureté, la neige immaculée, la colombe de la paix… Un doux nom qui me fait entrer dans sa famille, dans sa lignée, qui me fait appartenir à son clan, bien que je ne le connaisse pas encore.

TROISIEME PARTIE

Décembre 68

Je surveille l'évolution de la petite Isabelle en regardant régulièrement dans le Miroir des Vies. Elle a aujourd'hui un an. Cette année, elle l'a occupée à mettre en place son chakra racine, le rouge, celui qui est relié au corps physique. Elle a petit à petit apprivoisé cette enveloppe charnelle.

J'ai appris que j'avais des mains qui peuvent attraper des objets et des pieds pour marcher. J'ai mis un moment avant de comprendre à quoi ils servaient ! A force de mouvements, j'ai développé mes muscles et j'ai pu tenir ma tête, puis me retourner et enfin je me suis assise. On ne voit plus le monde de la même manière à ce moment-là. Au lieu de ne voir que le plafond, un monde en deux dimensions, j'ai pu voir tout autour de moi et dominer la situation. La première fois que j'ai réussi à me lever seule, encouragée par Gina, je me suis sentie très grande tout à coup. Je me suis mise à marcher il y a quelques jours et là, c'est encore une autre dimension que j'ai découverte, tout un monde d'aventure et d'exploration.

Gina a repris son travail depuis peu, elle m'a confiée à une très gentille nounou qui me chouchoute toute la journée. Je me suis entraînée chez elle à muscler mes petites jambes en me tenant aux meubles. Et quand je me suis sentie prête, j'ai fait la surprise à Gina et à Freddy : quand nous sommes rentrés à la maison, je me suis levée et j'ai fait quelques pas devant eux. J'ai adoré leurs exclamations de joie et de fierté.

Parfois, je sens des racines sous mes pieds qui plongent loin dans la Terre et je sens des picotements qui remontent du sol dans mes pieds. Mais pas toujours… Il y a des moments où je sens qu'il me manque quelque chose en lien avec ces racines. Je sens ce même manque chez Freddy. Celui-ci n'a pas revu ses parents depuis que sa mère l'a chassé de chez elle. Il ne l'a pas appelée non plus. Il a gardé le contact avec son père par téléphone mais je sens une fêlure au fond de lui… et au fond de moi. Ça me fait mal parfois et je ne sais pas exprimer cette souffrance autrement qu'en criant. Les adultes autour de moi s'agitent en essayant de me calmer, en vain. Je m'endors épuisée sans avoir été soulagée.

J'ai demandé à la Fée Amour d'intervenir afin de mettre un peu de légèreté dans cette famille en permettant l'acceptation et la réconciliation.

La femme de Freddy a enfin accepté de signer les papiers concernant le divorce. Même si le procès n'est pas pour tout de suite, c'est au moins officiel dans la famille. Freddy a donc appelé sa mère pour lui proposer de nous présenter, Gina et moi. Reine n'a pas dit oui, mais elle n'a pas dit non. Il a donc été convenu que nous passerions dimanche prochain.

Gina est nerveuse, elle me serre fort dans ses bras. J'ai compris que cette rencontre était importante pour elle. C'est le beau-père de Freddy, mon grand-père, qui nous accueille : un homme gentil et aimable. Il nous fait patienter tandis qu'il s'empresse d'aller chercher Reine. C'est une femme imposante qui vient à notre rencontre avec un air sévère et renfrogné. Elle nous dit bonjour du bout des lèvres, bien décidée à nous montrer sa désapprobation. Je cache mon visage contre l'épaule de Gina.

« Maman, je te présente Gina. C'est la femme que j'aime et je vis avec elle depuis plus d'un an maintenant » lance Freddy.

« Oui, j'ai appris cela, répond-elle, qu'as-tu fais des engagements envers ta femme ? »

« Maman, nous nous disputions sans cesse, ce n'était pas bon pour les enfants ! »

« Tu crois qu'avec ton père, tout était toujours rose ? Pour le meilleur et pour le pire, tu te souviens ? »

« Le divorce est courant de nos jours. Et puis, c'est mon choix, c'est ma vie, tu dois l'accepter. »

« Je n'ai pas le choix ! » renchérit-elle.

« Veux-tu connaître ta petite fille Isabelle ? » demande Freddy pour changer de sujet.

Je tournais le dos à Reine jusqu'à ce moment où je comprends qu'on parle de moi. Je me retourne et mon regard plonge dans le sien. Soudain, je vois son âme. Je ressens immédiatement toute la souffrance de cette femme dont la vie n'a pas été facile et je comprends. Je lui offre mon plus beau sourire. Je vois alors son visage s'éclairer comme si elle me reconnaissait. Il est vrai que nous avons passé un contrat ensemble, il y a bien longtemps de cela.

Nous nous sommes déjà rencontrées avant, dans une autre vie. Elle était ma mère et m'avait abandonnée à ma naissance sous la pression de ses parents. Elle a passé sa vie, rongée par la culpabilité et la colère de n'avoir pas su dire non. Elle ne se rend pas compte qu'elle reproduit le schéma de ses parents autoritaires avec Freddy. Nous avons convenu de revenir ensemble dans cette vie afin de réparer toutes deux cette blessure d'abandon. Va-t-elle s'en souvenir ?

La surprise passée, son visage se pare d'un sourire et elle me tend les mains. Je lui tends les bras en retour. Je sens le soulagement de Gina qui me pose sur les genoux de Reine. Celle-ci commence à me parler dans cet étrange langage que les adultes utilisent avec les tout-petits.

Ce soir-là, je sens la fêlure se refermer tout doucement. Je me sens en sécurité. La Fée Confiance est ravie, mon chakra rouge fonctionne à présent parfaitement.

Décembre 69

La petite Isabelle a deux ans aujourd'hui. Je suis témoin d'une scène qui montre que son deuxième chakra est bien en place, l'orange, celui qui correspond à l'estime de soi.

Maintenant, je marche et j'explore le monde. J'ai la chance d'être entourée d'amour, encouragée dans mes réussites, consolée lors de mes échecs. J'aime beaucoup aller au square, partir à l'aventure de nouvelles sensations avec le toboggan, le tourniquet, et toucher la terre, le sable, l'herbe…

Justement, me voici dans le bac à sable en train de remplir mon seau, quand un petit garçon arrive et sans crier gare, s'empare de mon râteau. Je lui lance un regard noir en criant : « NON ! ». Le garçon me regarde surpris et s'enfuit sans demander son reste. Je jette un coup d'œil à Gina assise sur un banc. Elle me sourit. Je suis ravie et fière d'avoir su défendre ce qui est à moi et je me sens de nouveau plus grande. Je sais ce que je veux ou ne veux pas et je sais l'exprimer. Petit à petit, je prends ma place dans ce monde.

Décembre 70

Voici déjà le troisième anniversaire de la petite Isabelle. C'est au tour de Fée Allégresse d'intervenir afin qu'elle développe son chakra jaune, le plexus solaire et qu'elle répande sa Joie de Vivre sur cette Terre.

Le divorce a enfin été prononcé et mes parents ont décidé de se marier. Une grande agitation règne dans la maison. Gina et sa mère ont organisé la cérémonie et s'occupent des préparatifs. Tout le monde est présent, même les parents de Freddy. On dirait que tout le monde s'est réconcilié autour de moi. On me présente de nombreuses personnes que je ne connais pas encore. Il semble que mon père ait une très grande famille. Je ressens la joie et l'allégresse en moi : elles me remplissent au milieu du ventre. Je le sens mon plexus solaire se gonfler et me réchauffer tout le corps comme un grand feu intérieur.

Je suis dans les bras de mamie Félicie. Mes parents sont debout devant le maire et échangent leurs vœux. Ils s'embrassent et les gens applaudissent. Nous portons à présent tous les trois le même nom : nous formons maintenant une vraie famille. J'éclate de rire en tapant dans mes mains.

La salle est décorée de mes dessins. J'aime créer toute sorte de chose avec mamie Félicie qui déborde d'idées d'activités pour les tout-petits. J'aime beaucoup les couleurs. Je dessine souvent des fleurs, des arbres et animaux car j'aime par-dessus tout la nature. Le dessin me permet de montrer à mes proches toutes les images qui emplissent ma tête et de partager avec eux la beauté de ce monde. Je dessine les Fées, les Anges et les Elfes qui me rendent souvent visite mais, chose curieuse, les adultes ne semblent pas les voir, eux, et s'exclament en voyant mes œuvres : « Quelle imagination, cette petite ! »

Il y a de la musique et une piste de danse. Je regarde mes parents virevolter ensemble, ils ont l'air de voler au-dessus du sol ! Les gens les regardent admiratifs devant tant d'aisance. Quelques couples les rejoignent, ainsi que des enfants. J'aime bouger moi aussi au rythme de la musique, c'est comme si de petites bulles pétillaient dans mes cellules et mes bras, mes jambes bougent tous seuls. Comme si la musique entrait dans tout mon corps pour le faire danser ! J'aime chanter également. Gina me chante souvent des chansonnettes et des comptines que j'aime répéter. J'ai toujours une petite mélodie dans la tête qui résonne et me fait chaud au cœur. Bref, j'aime ma vie d'enfant et je me sens bien sur cette Terre.

Décembre 71

Quatre ans déjà ! Isabelle continue sa vie sur Terre dans une famille unie dans laquelle l'Amour est une valeur importante. Cette année était celle du chakra du cœur, le vert, celui qui permet d'aimer et de sentir aimé en toute circonstance.

Mon grand-père, le mari de Reine vient de mourir. C'était un homme gentil mais discret, qui ne semblait pas très à l'aise avec les jeunes enfants. Aussi, laissait-il à Reine le soin de s'occuper de moi lorsque je restais chez eux. Je ne l'ai donc pas vraiment connu. Je ne comprends pas bien ce que ça veut dire « être mort », mais je comprends que ça rend Freddy très triste, je le sens jusque dans mon corps. Pourtant le lien d'Amour est toujours présent, mais il ne le perçoit pas. Je sais au fond de moi qu'il y a un autre monde qu'ici et que l'on peut passer de l'un à l'autre à certains moments de sa vie. Je ne vois pas pourquoi ça rend les gens tristes. A moi, cela me semble naturel ! Il semblerait que tout le monde ait oublié qu'ils viennent de ce monde et y retournent quand ils ont fait leur temps sur Terre. Je constate que leur tristesse n'est que la conséquence de cet oubli. Freddy m'a expliqué que grand-père était parti pour toujours et que son corps allait être mis en terre où, d'après ce que j'ai compris, il allait nourrir les vers de terre. Je ne vois rien de triste là-dedans : son corps venait de la Terre et il retourne à la Terre, c'est l'ordre naturel des choses. J'ai essayé d'expliquer, avec mes mots, à Freddy qu'un autre monde existe où grand-père se sentira vraiment bien et que de là-bas, il continuera de veiller sur nous comme il l'a toujours fait. Freddy m'a souri avec son air bienveillant, mais j'ai bien compris qu'il ne croyait pas à mon histoire.

Le lien d'Amour est ce qu'il y a de plus fort sur cette Terre. C'est ce qui nous rapproche le plus de cet autre monde d'où nous venons. Mais Freddy a expérimenté trop souvent l'amour sous condition de sa mère qui le lui retirait dès qu'elle était contrariée. Il ne croit pas à un Amour plus grand que les rancœurs humaines. Aussi la mort est-elle une fin. Et il pense qu'il a définitivement perdu l'amour de son père. Il se sent abandonné comme un tout petit garçon.

J'ai pu moi aussi expérimenter cet amour humain qui n'a pas grand-chose à voir avec l'Amour inconditionnel de l'autre monde. Cette année, je suis entrée en maternelle. C'est chouette, on apprend plein de choses et je me suis fait des amies : Laura et Coline. J'ai eu aussi un copain : Nathaniel, que j'aimais beaucoup. J'aimais bien être avec lui, sentir son énergie. Et je croyais qu'il m'aimait bien lui aussi. Je pensais qu'on était comme les deux doigts de la main. Quand Gina me déposait à l'école le matin, je le cherchais des yeux dans la cour, et lui aussi me guettait. Nous partagions nos jeux à la récréation et nous jouions au loup ensemble. Jusqu'au jour où une nouvelle élève est arrivée et Nathaniel n'a plus fait attention à moi, c'est avec elle qu'il allait jouer et c'est elle qu'il guettait le matin. Moi, je n'ai pas cessé de l'aimer pour autant et je continuais à lui proposer la moitié de mon goûter, mais il n'était plus intéressé. J'ai compris que l'amour sur Terre n'était pas le même que celui que je ressens dans mon cœur et que tout le monde n'était pas prêt à partager un tel Amour.

Heureusement, mamie Félicie, papi Geoffrey et Gina semblent être plus en résonance avec cet Amour-là, qui n'est pas un sentiment qui va et qui vient, mais un état d'être qui ne nous quitte pas. Nous aimons les êtres humains, quels que soient leurs actes, quels que soient leurs paroles parce que nous appartenons tous à la même grande Famille et que les membres d'une même famille s'apprécient entre eux. En tout cas, c'est comme ça que je le vois avec mes yeux d'enfant ! « Il n'y a pas de gens méchants, il n'y a que des gens malheureux » m'a dit un jour mamie Félicie. En effet, j'ai pu constater certaines personnes deviennent malheureuses, soit parce qu'elles ont peur de manquer, soit parce qu'elles ont peur de perdre quelque chose. Dans ces moments-là, l'Amour déserte leur cœur qui se dessèche et se recroqueville au fond de leur poitrine. Alors qu'il suffirait qu'ils fassent confiance à la vie pour ne jamais ressentir ni manque, ni perte et que leur cœur reste grand ouvert.

Décembre 72

Isabelle souffle aujourd'hui ses cinq bougies ! Je viens vérifier que son chakra de la gorge, le bleu, est bien ouvert. C'est important pour elle, si elle souhaite être mon messager et bien délivrer mon message, il est indispensable que le chakra de la communication fonctionne parfaitement...

Je commence à bien comprendre comment tourne ce monde. Il semble que j'aie dans la tête une machine qui tourne à plein régime, si vite que je n'ai pas toujours le temps d'exprimer ce qui se passe. Je me pose beaucoup de questions : Qui suis-je ? Pourquoi suis-je sur Terre ? Est-ce que les autres voient la même chose que moi ? Pourquoi n'en parlent-ils jamais ? Je me sens tellement différente parfois. Je me demande pourquoi... J'ai souvent envie de dire aux gens qu'ils se trompent, qu'ils pensent à l'envers sur cette Terre. Mais je ne sais pas comment leur dire, je ne suis qu'une enfant et personne n'écoute vraiment les enfants, malheureusement. Pourtant, nous sommes plus près de l'Autre Monde que ce que l'on pense et nous n'avons pas encore tout à fait oublié la Sagesse qu'on y enseigne.

Plus tard, je me vois comme une grande conférencière. Je parcourrai le monde entier pour expliquer aux gens le fonctionnement de la vie sur Terre et leur rappeler Qui ils sont, qu'ils viennent d'un autre monde et qu'ils sont toujours en lien avec ce monde-là. Je leur enseignerai que la réalité dans laquelle ils vivent n'est qu'une illusion qu'ils ont créée et qu'il n'y a pas de mauvaises décisions, il n'y a que des expériences...
Pour le moment, je suis un peu jeune pour leur faire parvenir ce message ! Alors, j'essaie de mettre les mots que je ne peux pas dire dans des poèmes. Il m'arrive de monter sur une chaise devant les invités et de déclamer une poésie haut et fort devant une assemblée attentive. J'aime me sentir écoutée et applaudie, je me sens alors importante et bien à ma place. Les gens ne font alors pas vraiment attention au message, ils n'opposent pas de résistance, alors, j'ose espérer qu'une petite graine a été semée et qu'elle grandira petit à petit en eux...

J'ai beaucoup de chance car dans ma famille, il est facile de pouvoir exprimer ce que je ressens. Je me sens toujours écoutée et accueillie. Quand je n'ose pas dire quelque chose à mes parents, j'ai toujours mes grands-parents maternels à qui parler. Nous sommes très proches, eux et moi, et j'aime aller chez eux. Ils sont si sereins, si heureux de vivre qu'il me semble que rien de grave ne peut m'arriver. Ils vivent leur vie simplement, sans se casser la tête et apprécient leur vie tranquille. Quand je les observe, il me semble qu'eux ont tout compris. Peut-être est-ce cela, le but de notre venue sur Terre ! Avec eux, il est facile de raconter mes petits secrets, je sais qu'ils seront bien gardés. Et ils ont toujours des paroles réconfortantes qui permettent de désamorcer la situation. Je leur ai confié ma déception lorsque mon cœur a été brisé par Nathaniel, et ils ont su trouver les mots pour me consoler et pour que la rancœur ne s'installe pas en moi. Je pense que ce sont de Grands Sages et je n'aurai pu rêver mieux comme grands-parents.

Décembre 73

Cette année était celle du chakra indigo, le chakra de l'intuition appelé communément le troisième œil. Tous les enfants sont très intuitifs au début de leur vie. Malheureusement, leur éducation ne les encourage généralement pas à développer cette faculté et ils l'oublient le plus souvent. Voyons si Isabelle a su la préserver ...

J'aime observer les gens. Et plus je les observe et plus je perçois deux personnes en eux. Il y a la personne qu'ils aimeraient être et qu'ils tentent de montrer au dehors, et il y a la personne qu'ils sont à l'intérieur et que, généralement, ils ne trouvent jamais assez bien et cherchent à cacher. Je perçois facilement cet être intérieur qui me semble toujours beaucoup plus beau que l'image que les personnes cherchent à imposer. Et ça me surprend toujours de voir à quel point les gens se mentent à eux-mêmes. Est-ce que je suis comme ça, moi aussi ? Je n'ai pourtant pas l'impression d'être deux !

Je vois que mon amie Laura cherche à ressembler à la poupée sage que sa maman voudrait, alors qu'elle aime courir, bouger, monter aux arbres… Elle rentre toujours avec sa belle coiffure en désordre et sa belle robe déchirée. Laura ne semble pas se rendre compte de cette double personnalité en elle. Quant à Coline, elle se comporte comme une peste avec la maîtresse pour que ses parents lui portent enfin attention, alors qu'au fond, elle est très gentille et n'aspire qu'au calme et à la tranquillité. Mais si elle reste trop tranquille, elle a l'impression de ne pas exister aux yeux de ses parents. Nathaniel aussi fait tout son possible pour se faire remarquer afin de continuer de plaire à Eve, la nouvelle élève. Mais celle-ci semble s'être lassée de lui et ne le regarde plus. Plutôt que de rester lui-même, il préfère se forger une personnalité qui correspond davantage à ce que, d'après lui, elle attend. Eve, elle, est très timide et a toujours peur de déranger. Elle n'ose pas demander quelque chose à la maîtresse et je sens que parfois, elle aimerait disparaître dans un trou de souris.

La peur d'apparaître ou la peur de disparaître semblent diriger ce monde. Mais peu de gens se soucient d'ETRE tout simplement. Je perçois tout cela instinctivement et j'ai décidé que, quand je serai grande, j'aiderai les gens à retrouver cet Être qu'ils ont au fond d'eux et qu'ils ne voient plus, aveuglés par ce que l'extérieur a fait d'eux.

Décembre 74

Sept années terrestres sont passées depuis que la petite âme Isabelle est descendue. La voici au terme de son initiation. Cette année lui a permis d'ouvrir son chakra couronne au sommet de la tête, le violet, celui qui lui permet d'être en contact direct avec l'énergie de l'Univers et avec moi...

J'entends souvent cette petite phrase : « Souviens-toi de Qui Tu Es ! » dans ma tête. Je ne sais pas d'où elle vient, mais je sais qu'elle me suit depuis ma naissance et je pense que c'est un message de là d'où je viens. Je me demande d'où peut bien venir ce message. J'ai essayé de savoir si d'autres personnes entendent des messages dans leur tête mais les gens se mettent à rire en répliquant que je suis folle.

J'ai demandé à mamie Reine. Elle me parle souvent du Dieu de son église. Mais son Dieu ressemble à un vieux monsieur lunatique, tantôt cruel, tantôt clément qui délivre son amour seulement si l'on respecte un certain nombre de principes qui, me semble-t-il, n'ont rien à voir avec l'Amour ! Elle me dit que Dieu a créé l'Homme à son image, mais rien ne me semble plus faux et je pense, moi, que c'est plutôt l'Homme qui a imaginé un Dieu à son image!

J'ai demandé à mamie Félicie. Elle m'a parlé des Anges qui sont les messagers de Dieu et délivrent leurs messages en nous envoyant des signes si on leur demande. Je me suis donc adressée à l'Univers et je lui ai demandé de me donner le nom de celui qui me répète cette petite phrase sans arrêt. Juste ce jour-là, mamie Félicie a reçu un appel de son cousin Raphaël dont elle n'avait pas eu de nouvelles depuis très longtemps. Elle m'a raconté leurs étés au bord de la mer, leurs jeux et leurs rires. Et quand je lui ai demandé à quel endroit ils passaient leurs vacances, elle m'a répondu : « A Saint-Raphaël ! ». Ce prénom me rappelait quelque chose alors je lui ai demandé si elle connaissait un Ange qui s'appelle Raphaël.
« C'est un Archange ! m'a-t-elle répliqué, il est au-dessus des Anges. C'est l'Archange de la Guérison et des Voyageurs ».

C'est ainsi que j'ai retrouvé le contact avec Raphaël et j'ai aussitôt senti une douce énergie chaude et relaxante dans tout mon corps. Je me suis rappelée cette lumière verte qui venait envahir ma chambre certaines nuits. J'ai compris que je faisais partie de la famille de Raphaël, là-bas, de l'autre côté du voile et que j'étais descendue sur Terre pour répandre son message de Guérison. J'ai fait le lien avec mon désir de vouloir reconnecter les gens avec leur Etre intérieur. C'est en fait comme si je cherchais à les guérir de leur éloignement d'avec eux-mêmes. Avec Raphaël à mes côtés, je suis sûre que je peux réussir…

Il me semble que tout est en place pour qu'Isabelle accomplisse sa mission sur Terre. Tous ses chakras étant parfaitement fonctionnels, elle sera d'une grande Sagesse et d'un grand Discernement qui seront utiles à l'Humanité toute entière…

C'est ainsi qu'a débuté ma vie sur Terre dans cette nouvelle pièce de théâtre. Avec toutes ces cartes en main dans mon enfance, je ne pouvais que réussir ma vie d'adulte. Me voici à présent en couple avec un compagnon aimant et attentif qui m'a donné deux beaux enfants, brillants, intelligents. J'ai confiance en moi et en l'Univers pour me fournir tout ce dont j'ai besoin. Je sais que je peux lui demander ce que je souhaite et que mon souhait sera exaucé comme par magie, même si c'est sous une forme inattendue. Une joie de vivre m'habite en permanence qui fait que ma vie et celle de mon entourage est chaque jour une fête. Je suis entourée d'êtres de chair et d'Etres de Lumière sur qui je peux compter. Un lien d'amour très fort m'unit à ma famille et la solidarité, le soutien, l'entraide sont des valeurs que nous partageons tous.

Je suis conférencière, j'anime des stages et des ateliers. Je voyage dans toute la France pour parler aux gens de Ce qu'Ils sont vraiment, pour semer de petites graines dans leur esprit afin d'éveiller leur conscience à cette belle Lumière qu'ils ont à l'intérieur d'eux. Je leur enseigne les lois de l'Univers, je leur ouvre les yeux sur leurs comportements, leurs croyances erronées...Quand je réussis, que je vois les personnes changer radicalement, quand je perçois cette Lumière dans leur regard, alors je songe à Raphaël et je sens que, de là où il est, il est fier de moi. Je SAIS que je suis faite pour ce « travail » qui n'en est pas un, car c'est un véritable plaisir que de servir l'humanité tout en recevant autant d'Amour et de reconnaissance en retour. Je sais que je ne suis pas seule lorsque je fais ce « travail », que je suis guidée par des êtres dont la sagesse dépasse largement la mienne. J'accepte d'être le canal de leur énergie afin de transmettre leur message aux gens.

Bref, je sais QUI JE SUIS et ce que je suis venue faire ici sur Terre.

EPILOGUE

Voici ma nouvelle pièce, ma nouvelle vie.

J'ai maintenant compris qu'au commencement, j'ai choisi la première option : une vie compliquée, pour régler des situations difficiles une fois pour toute et éliminer le Karma associé afin d'évoluer. Mes parents, dans leur bonté d'âme, ont fait en sorte que je vive ces situations et ils ont très bien rempli leur contrat. Je les en remercie !

C'est grâce à mon enfance, à mes blessures, à mes souffrances que je suis Qui Je Suis aujourd'hui, que j'ai cette sensibilité qui me permet de sentir et accompagner les souffrances des autres.

Heureusement, j'ai toujours entendu dans ma tête cette petite phrase qui me venait sans doute d'une Fée, d'un Ange ou d'un Archange : « Tu verras, plus tard, tu seras heureuse ! » et qui m'a maintenue en vie. Je me suis laissée guidée par cette petite phrase et la Vie a placé sur mon chemin de belles personnes qui m'ont aidé à comprendre, prendre conscience, accepter, intégrer ces situations et m'accompagner sur mon Chemin.

Réécrire mon histoire m'a permis de panser mes blessures, de gommer des cicatrices, de comprendre mes parents, de leur pardonner aussi et, également, de ME pardonner pour avoir choisi cette vie si compliquée, si souffrante. Cet exercice m'a apporté une libération et une paix que des mots ne peuvent décrire.

Certains évènements décrits ici sont véridiques et m'ont été racontés, mais au lieu d'en faire des problèmes, je leur ai trouvé une solution. D'autres sont inspirés des faits réels et embellis. Enfin, certains sont totalement imaginaires et j'y ai mis ce que j'ai appris de la psyché humaine au cours de mon expérience personnelle et professionnelle. J'y ai ajouté également mes croyances actuelles à propos de l'âme, de la réincarnation, des Etres invisibles qui veillent sur nous. J'ai avant tout tenté de redonner sa place à l'Amour à l'intérieur de toute une lignée qui ne savait pas vraiment comment l'exprimer…

Une des plus grandes Lois de l'Univers est la Loi d'attraction. Ainsi, je pense que si nous nous complaisons dans un état de victime à ressasser nos manques et les injustices que nous avons subies, l'Univers nous enverra du manque et de l'injustice. Au contraire, si nous focalisons notre attention sur l'Amour et la gratitude envers la vie pour ses leçons, l'Univers nous renverra de l'amour en abondance et notre existence commencera à changer.

A présent, j'aime à penser que mon expérience peut être un exemple, une inspiration pour d'autres. Aussi, je vous le dis : réécrivez votre propre pièce car vous êtes tous créateur de votre vie !

ANNEXE

Quelques réflexions pour écrire votre pièce de théâtre

1. Soyez détendus !

J'ai écrit ce livre durant les vacances d'été, dans un petit village à l'ombre tranquille des pins des Landes, loin des soucis, de la ville et du bruit. Je ne me suis rien imposé : certains jours, j'écrivais beaucoup, d'autres moins, j'ai accepté ce qui venait au moment où l'inspiration venait comme les moments plus calmes où j'avais besoin de pause.

2. Ne vous jugez pas !

Peu importe votre style, les erreurs de syntaxe et les fautes d'orthographe, ce n'est pas l'important. Vous aurez le temps de revenir sur tout cela si vous souhaitez publier votre ouvrage ! Pour le moment, vous écrivez uniquement pour vous-même.

3. Ecrivez pour vous transformer !

Le cerveau est une machine extraordinaire qui ne fait pas la différence entre la réalité et l'imaginaire. Cette propriété est utilisée en sophrologie pour remplacer une situation mal vécue par une autre, plus facile à vivre, avec des sensations agréables. Ceci permet, en quelque sorte, de neutraliser les émotions négatives liées au souvenir en les remplaçant par des sentiments positifs. Le but de cet exercice d'écriture n'est pas de montrer combien vous avez été malheureux ni de jeter la pierre sur les personnes qui vous ont fait souffrir mais de réparer, de transmuter la souffrance en quelque chose de positif pour vous.

4. Calmez le mental !

Avant d'écrire, je m'accordais quelques minutes pour calmer mon mental, soit en marchant en conscience seule dans la forêt, soit en méditant ou en faisant quelques exercices de respiration voire parfois même une sieste ! Le mental ne doit pas courir dans tous les sens et doit rester au service de la création. Ce n'est pas par la volonté que l'on peut contacter l'inspiration mais par le lâcher prise. C'est d'ailleurs souvent la nuit que les idées apparaissent !

5. Laissez tomber la logique !

Ce n'est plus le cerveau gauche analytique qui commande pendant l'écriture de sa pièce mais le cerveau droit créateur, en lien avec notre petit enfant intérieur. Aussi, comme dans un rêve, tout est possible, et si vous avez envie de voler, alors volez ! Pourquoi pas ? Car il n'est pas important que ce soit possible ou non. C'est vous qui décidez de ce qui vous arrive. Un enfant qui dit « Un jour je volerai ! » ne se pose pas la question de savoir comment faire pour voler. Il a cette certitude qu'il volera un jour. Et qui sait ? Peut-être deviendra-t-il un jour pilote d'hélicoptère ou pratiquera-t-il le parapente... Ce qui est important, c'est l'état de légèreté dans lequel la perspective de voler le met.

6. Laissez de côté la chronologie !

Même si cette histoire semble très ordonnée et chronologique, je ne l'ai pas forcément écrite ainsi. Il m'est arrivé d'avoir envie de raconter une période particulière de mon histoire avant tout autre car elle correspondait davantage à ce que je vivais à l'époque où j'écrivais. J'ai ensuite comblé les vides, reconstitué le puzzle, afin d'avoir un tout cohérent.

7. Prenez votre temps !

J'ai écrit le plus gros de ce livre au cours des vacances d'été mais ensuite, j'y suis revenue à plusieurs reprises et mon manuscrit a été modifié, complété, remanié durant plusieurs mois. Toute transformation demande du temps.

8. Attendez l'apaisement !

Comment savoir à quel moment nous avons fini l'écriture de notre pièce ? Lorsque l'apaisement commence à se faire sentir... Je n'ai pas eu envie ou besoin de détailler mon enfance, car il m'a suffi de réparer ma venue dans ce monde pour me sentir plus en paix avec moi-même...

Tables des Matières

www.ingramcontent.com/pod-product-compliance
Lightning Source LLC
Chambersburg PA
CBHW031524270326
41930CB00006B/520